AF249450

# TRAVAIL

## ET

# FAINÉANTISE

## PROGRAMME DÉMOCRATIQUE

PAR

### A. TOUSSENEL

Auteur des *Juifs, rois de l'époque.*

GLOIRE AU TRAVAIL! MORT AU PARASITISME!

---

**PRIX : 25 CENTIMES.**

---

## PARIS

AU BUREAU DU TRAVAIL AFFRANCHI, 16, RUE DES SAINTS-PÈRES

ET CHEZ TOUS LES MARCHANDS DE NOUVEAUTÉS

1849

# NI PRÊTRE, NI JUIF.



Amis,

La France est la mère-patrie des nations. Paris est le cœur de la France, vous êtes le sang rouge de ce cœur. C'est par vous et par vous seuls que la Liberté se revivifie et se relève de ses longs affaissements. C'est du milieu de vous que partent ces frissonnements électriques qui courent de peuple à peuple avec la rapidité de l'éclair, font sombrer en passant les trônes et les couronnes, et réveillent au fond de leurs sépulcres les nationalités endormies.

Vous êtes d'une autre race que les visages pâles de l'Irlande catholique, apostolique et romaine, ce misérable bétail humain dressé par d'indignes pasteurs à tendre le front au joug et la gorge au couteau. Chez vous la misère et le gin n'ont pas encore tué l'homme, et pour beaucoup, au contraire, la misère a été le creuset régénérateur de la fraternité, creuset où l'âme s'épure et ne se calcine pas.

Les travailleurs des autres capitales savent bien aussi s'insurger et mourir; mais ce n'est pas assez de mourir pour se racheter de l'esclavage. Il faut vaincre, et vous seuls savez vaincre; et il ne vous a manqué jusqu'ici que de savoir user de la victoire, pour inaugurer sur cette terre le règne de la justice et de la liberté. Voilà pourquoi je vous écris ces lignes.

Je vous écris pour vous dire l'usage à faire de la victoire, pour que votre mission d'initiateurs et de rédempteurs de l'humanité s'accomplisse, et pour que le monde affranchi vous proclame ses libérateurs avant peu.

Écoutez-moi, car j'ai droit à vos sympathies par la communauté d'infortune; car j'ai eu ma place marquée au banquet des élus, et je l'ai quittée volontairement par dégoût des convives, et parce que je n'ai pas osé être heureux en face des souffrances de mes frères.

Écoutez-moi pendant qu'il en est temps encore et avant que la misère, qui déprime le corps et engourdit l'intelligence, ait éteint dans nos cœurs le dernier sentiment de fraternité, d'indépendance et d'espoir; avant que l'heure soit venue où vous ne voudrez plus m'entendre et où je ne voudrai plus vous parler.

C'est moi qui vous criais, il y a quelques années, au plus fort de vos colères contre la royauté:

« Il n'y a pas d'autre roi en France que le juif. C'est le juif qui règne et gouverne; le despotisme déshonorant qui nous écrase, qui saigne la nation à blanc, qui la crétinise et qui l'abâtardit, qui la tue du même coup au physique et au moral, le despotisme qu'il nous faut briser, est le despotisme du juif. Louis-Philippe, Guizot et Thiers ne sont que les valets du juif; commençons par nous débarrasser des maîtres avant de chasser les valets; sinon, tout sera à refaire. »

Et ma voix désespérée s'adressait en même temps aux puissances, disant au roi, aux ministres, aux prêtres : « Malheur à vous tous qui avez livré le peuple aux juifs, car le peuple vous secouera de ses épaules au jour de sa colère; malheur à vous, car l'orage approche, la foudre gronde, et je ne sais pas même si le temps vous reste de travailler à réparer vos folies!... »

Ma voix malheureusement s'est perdue dans le bruit des clameurs furieuses, et n'a pas monté jusqu'à vous. Et vos meneurs, les républicains de la veille, aussi ignorants que vous des voies et des moyens de la démocratie, ont dirigé toutes les fureurs de l'ouragan populaire contre une monarchie vermoulue qui tombait d'elle-même.

Alors vous avez jeté cette royauté au ruisseau et brûlé une fois de plus le dernier des trônes; et après que vous avez eu dépensé toute votre force révolutionnaire en ce suprême effort, il s'est trouvé que vous n'aviez rien fait.

Ils s'étaient trompés ces aveugles que vous aviez pris pour guides et qui depuis vingt ans répétaient qu'il n'y avait d'autre obstacle que l'institution monarchique entre la misère du peuple et son bien-être, entre sa liberté et son oppression. C'était faux, car la royauté n'est qu'un symbole, et après la royauté démolie le problème social s'est posé devant la République, aussi formidable, aussi mystérieux, aussi noir d'éventualités menaçantes que sous la monarchie. La forme n'était donc pas tout, comme avaient dit ces formalistes ; leur erreur vous a coûté cher.

Si les ilotes de l'Angleterre, qui sont l'Irlandais et le Saxon, s'avisaient de faire demain une révolution dans leur île, et qu'ils se contentassent de brûler le fauteuil où s'assied leur reine, sans toucher aux privilèges de leurs lords, vous vous moqueriez fort de la sottise du peuple anglais et vous auriez raison. C'est en effet le landlord qui règne et qui écrase en Angleterre ; c'est lui par conséquent qu'il faut briser d'abord. Cette fiction constitutionnelle qu'ils appellent royauté tombera bien après, laissez faire. Or, vous, les ilotes du capital, vous avez commis, le 24 février, en France, cette même faute que vous seriez si disposés à reprocher à l'Anglais.

Oui, vos meneurs aveugles ont égaré votre justice. Au lieu de vous pousser tout droit à la question de fond, ils vous ont fait amuser aux bagatelles de la forme, et ils sont cause que vous n'avez chassé que les valets et que vous avez laissé là les maîtres, les juifs, les hauts barons de notre féodalité, à nous, les lords du capital et de l'usure.

De là tant de déceptions amères, de fureurs et de désespoirs. De là tant de trahisons inexpliquées, et la Révolution de février détournée de ses voies.

Ecoutez-moi, amis, aujourd'hui que l'événement a si douloureusement justifié mes paroles et mes craintes. Ecoutez-moi, afin qu'au jour de la dernière lutte votre justice ne s'égare plus.

Je ne viens point chauffer vos haines contre des noms propres, ni vous pousser à la guerre civile, car je n'ai pas de haine pour les personnes et j'ai horreur de vos combats de rue. Je me garderai même d'accuser de trahison ces lâches renégats de la démocratie qui ont livré le peuple aux Conseils de guerre et enrichi de la peine de la transportation sans jugement le code d'iniquité ; car parmi ces Judas de la veille, j'aperçois encore plus d'ignorants, de sots et d'ambitieux que de traîtres. Et je trouve que ce capital de force vive dont vous seuls disposez pour le salut du monde, capital accumulé en vos âmes par le lent apport des souffrances et des iniquités de vingt siècles, peut être mieux employé qu'à démolir des hommes.

Je viens vous expliquer pourquoi les révolutions avortent et comment on peut les empêcher d'avorter.

### POURQUOI LES RÉVOLUTIONS AVORTENT. — NÉCESSITÉ D'UN PROGRAMME RÉVOLUTIONNAIRE.

Les révolutions avortent, par défaut d'un programme révolutionnaire précisé et formulé d'avance, par défaut d'un programme en partie double, contenant le chapitre des institutions à démolir, en regard de celui des institutions à créer.

Les programmes manquent par le fait de l'ignorance universelle des menés et des meneurs sur le but et les moyens de la révolution finale. ·

Et encore, par le fait d' la lâcheté des penseurs, toujours prêts à pactiser avec l'hérésie régnan et officielle, comme nos éclectiques d'aujourd'hui; car les révolutions s ut à faire dans l'entendement humain aussi bien que dans les institutions de la société, et je défends à toute intelligence égarée sur le compte de Dieu par l'imposture biblique ou catholique, de s'élever jusqu'à la conception de la liberté, de l'égalité et de la fraternité.

Le défaut d'un programme révolutionnaire, voilà ce qui a perdu toutes nos révolutions, hors une, depuis 89; et non pas, comme de sots flatteurs vous l'affirment, la trop grande confiance du peuple français dans ses chefs ni sa générosité.

Cette raison donnée par l'ignorance, de l'avortement de dix révolutions successives, est tout simplement absurde; car jamais la confiance du peuple français dans ses chefs n'eut rien d'exagéré, pas plus que sa constance en ses affections. J'en appelle à cet égard au témoignage de deux illustres historiens de ce temps, Louis Blanc et Lamartine.

Quant au régime de clémence et de générosité, je doute que des excès dans ce genre puissent gâter chez nous une cause juste. Je redoute plus pour mon compte les excès du système contraire, me rappelant de combien d'alliés naturels de la révolution française le seul nom de Terreur lui a fait des ennemis, et de quel poids écrasant ce souvenir fatal pèse encore aujourd'hui sur la liberté.

De ce défaut de programme médité, précisé et formulé d'avance, il est advenu que chaque fois que vous avez cru vous lever pour une idée, vous ne vous êtes levés et vous n'avez combattu que pour des hommes, pour des ambitieux sans valeur qui se sont fait des cadavres de vos frères un marchepied pour monter à l'assaut des honneurs et des places. La chose est arrivée en juillet 1830 et en février 1848 nommément. Et la même mystification se renouvellerait demain, amenée par les mêmes causes, si vous n'aviez pas su mettre à profit la leçon de vos malheurs; car, aussi longtemps que l'ignorance obscurcira l'entendement du peuple, il y aura pour l'exploiter des charlatans, des ambitieux, des traîtres.

Amis, il se fait temps de tracer ce programme de l'ordre nouveau, ce programme de la révolution dernière qui doit clore l'ère des discordes homicides et renouveler la face de cette société rongée au cœur par la misère et qui s'effondre de toutes parts sur ses étais vermoulus.

Il se fait temps d'unir tous nos efforts pour élever l'intelligence du peuple au niveau de ses sentiments, pour ajouter à son amour instinctif de l'égalité et de la justice la science positive de ses droits; afin que la sanglante mystification de février lui profite plus que toutes vos victoires sur les trônes et sur les dynasties.

Je demande à vous en voir finir et non recommencer avec les barricades et l'émeute. Je demande que le peuple des travailleurs, laissant là ces moyens usés, prenne enfin conscience de sa force et s'habitue à ne plus se lever que pour dire : Je veux !

Et cette éducation du peuple guidée par vous, ses aînés, peut se faire plus rapidement qu'on ne pense ; parce qu'il y a des jours favorables à l'enseignement des masses, des jours où la raison publique s'échappe du malheur, comme l'éclair de la nue d'orage, pour remplir de soudaines lueurs l'immensité des ténèbres ; parce que nous vivons dans un de ces temps de souffrance et de surexcitation universelle où le sommeil est interdit, où la pensée vit double, et où les esprits, constamment tenus en éveil par les sourds grondements du sol, se demandent avec angoisse si les bruits qu'on entend sont ceux de l'éruption qui finit ou ceux de l'éruption qui commence.

Rédigeons donc ensemble ce programme des institutions à démolir et des institutions à créer ; ce catéchisme de révolution sociale à l'usage des commençants et des simples.

Quand les tueurs d'hommes se coalisent pour étouffer quelque part une nationalité qui s'éveille, ils ont grand soin, avant que d'entrer en campagne, de se faire dresser par leurs experts en tuerie un plan d'opérations méthodiques où toutes les chances bonnes ou mauvaises de la guerre sont prévues, discutées, combinées. Ils savent avant d'agir où ils vont et ce qu'ils veulent, et ils ne s'en remettent pas sottement pour le triomphe de leur cause à la justice de Dieu, parce qu'ils n'ignorent pas que Dieu ne protége que les forts. C'est ce qui fait que les exécuteurs des hautes-œuvres de l'absolutisme ont eu si bon marché jusqu'ici des insurrections populaires, et que la liste des héros de la liberté compte tant de martyrs. Hâtons-nous donc de prendre aux tueurs d'hommes leur tactique, afin de rétablir l'égalité des armes.

Ce programme de l'ordre nouveau est indiqué à chaque ligne de l'histoire universelle, de l'histoire de tous les temps et de tous les pays, car le mal indique son remède. Amis, ne vous effrayez pas de la difficulté de l'étude, car cette histoire universelle du monde peut tenir en dix pages. Écoutez ce qu'elle dit :



### Misère et Ignorance.

L'humanité saigne de deux plaies, la misère et l'ignorance. La misère est entretenue par l'usure, l'ignorance par la superstition.

Il n'y a jamais eu que deux principes en lutte dans ce monde : le Droit et le Privilége, autrement dits le Travail et la Fainéantise.

Il n'y a jamais eu qu'un opprimé, le travailleur ; qu'un oppresseur, le fainéant.

Le privilége de fainéantise est le privilége de consommer sans produire, de s'affranchir du travail répugnant et de le commander à autrui.

Tout abus de la force, tout acte de violence et d'iniquité, le vol, la guerre, l'extermination ou l'asservissement des peuples, l'accaparement du sol, source première de toute richesse, ont pour but essentiel et unique la jouissance de ce privilége.

L'accaparement du sol, propriété de l'espèce humaine, au profit de quelques-uns et au détriment de la masse, est le fait primitif qui détermine l'établissement du privilège.

« Des hommes violents, dit Turgot, ont imaginé d'en réduire d'autres en esclavage et de les forcer à cultiver pour eux... ; une coutume *abominable* quoique *universelle*, un horrible brigandage!.... »

Je vous fais grâce des anathèmes de Jean-Jacques, des apôtres et des Pères de l'Eglise contre le premier qui a dit : Ce terrain est à moi!

De l'ère de la propriété individuelle ou du monopole de la propriété, date le règne de la fainéantise et de l'exploitation du travailleur.

Le privilége a usé bien des noms depuis sa naissance. Il a pris l'un après l'autre tous les titres brillants de la caste fainéante. C'est le brame de l'Indoustan, le spartiate de Lacédémone, le patricien de Rome, le haut baron de France, le riche-homme d'Espagne, le boyard de Russie, le landlord d'Angleterre. L'artisan des cités et le laboureur des champs le connaissent encore sous le pseudonyme de rentier, d'usurier et de juif, selon que le privilége de fainéantise lui vient de la possession du capital *Terre* ou du capital *Argent*. Dans le premier cas, le privilége s'appelle *rente*, dans le second, *usure*.

La fonction du capital, au surplus, n'a pas varié comme ses titres.

Nobles ou usuriers, possesseurs du capital *Terre* ou du capital *Argent*, tout ce monde d'improductifs, de parasites, de frelons, a vécu jusqu'ici du prélévement opéré sur le travail des industrieux. Mener la vie de *gentilhomme*, la vie de *rentier*, la vie contemplative du *prêtre*, ou bien encore avoir une existence *honorable*, cela veut dire pour tout le monde : *vivre dans la paresse, aux dépens du travail d'autrui, jouir et consommer sans produire.*

Il a été même un temps où ce nom de fainéant était si bien porté, que la qualité de gentilhomme excluait jusqu'à l'idée de culture intellectuelle chez celui qui en était revêtu, et que le fainéant se vantait par acte notarié de ne savoir écrire ni signer, *vu sa qualité de gentilhomme!*

On dit encore aujourd'hui dans le beau monde que les *mains blanches*, c'est-à-dire celles que n'a pas *déshonorées* le travail, sont le passeport de la bonne société.

Le travailleur aussi s'est débaptisé bien des fois. Il s'appelle, suivant les localités et les époques, le paria, l'ilote, l'esclave, le nègre, le gaulois, le saxon, l'irlandais, le manant, le vilain, le serf. Son sort n'a pas varié non plus ; ce fut en tout temps l'homme de peine. En tout temps son privilége indénié fut d'alimenter de ses sueurs la paresse de l'oisif. Le travailleur est celui qui produit et ne consomme pas ; on le nomme aujourd'hui le salarié.

L'histoire du genre humain, l'histoire des conquêtes et de la destruction des empires, n'est que la traduction de la lutte qui existe depuis le premier jour du monde entre le travail et la fainéantise.

Le sauvage, poussé par la faim, commence par mettre à mort son prisonnier, puis le mange. Le Barbare, qui reconnaît qu'il y a plus de bénéfice à exploiter le prisonnier vivant qu'à le manger mort, épargne ses vaincus, et substitue pour eux à la peine de mort celle des travaux forcés à perpétuité. Il les réduit en ilotisme, c'est-à-dire en état de servage industriel ou agricole. C'est un progrès dans l'humanité.

L'Angleterre et la Russie, les deux derniers peuples européens restés barbares, n'ont pas d'autre mobile, pour s'abattre aujourd'hui sur les plus riches contrées du globe, que le désir d'en asservir les populations et de les rançonner à l'instar de leurs glorieux ancêtres, les Normands et les Huns. Les fourmis qui se font la guerre de tribu à tribu en agissent de même. La tribu victorieuse s'empare des larves de la tribu vaincue et les emporte chez elle pour en faire des ilotes. La devise des fourmis, avares et pillardes, est aussi *væ victis...*

Mais comment l'oppression du travailleur s'est-elle maintenue depuis six mille ans sur le globe ?

Les prêtres pourraient vous le dire avec un peu de franchise, mais j'aime mieux répondre pour eux.

L'IMPOSTURE RELIGIEUSE ÉTABLIT QUE LE PRIVILÉGE EST DE DROIT DIVIN.

Le monopole de la propriété, né de la force, comme toutes les tyrannies, trouva de bonne heure sous sa main des habiles, des sages, qui, moyennant la promesse d'une large participation aux bénéfices du droit de fainéantise, se chargèrent de faire entendre aux masses que l'homme était né pour souffrir ; que Dieu avait divisé de toute éternité le genre humain en deux castes ; l'une de *maîtres*, l'autre d'*esclaves ;* l'une d'*élus*, l'autre de *réprouvés*.

La religion indienne, d'où sont issues toutes les impostures religieuses qui ont désolé ce globe, affirme positivement que le Brame, la caste noble, a été créé des plus purs arômes de la face du Seigneur, tandis que le paria a reçu naissance de la poudre de ses pieds.

Il y eut de ces imposteurs effrontés qui osèrent dire qu'ils tenaient le propos de la bouche même du Créateur, qui avait causé avec eux dans un buisson ardent ! On a vû mieux encore : des prêtres imbéciles qui, à force de répéter le mensonge, ont fini par y croire !

Tous en avaient menti ; mais le monde venait de naître, et l'enfance est l'âge des folles terreurs et de la superstition ; et l'ignorance était si profonde alors, et si épais le voile de ténèbres qu'elle tenait au devant de l'entendement humain, que la vérité n'y put luire et que le dogme impie de l'inégalité et de la damnation prévalût peu à peu dans l'humanité.

Quel dogme commode pour les meneurs d'hommes que ce dogme de la damnation éternelle ! Il dispense d'abord les législateurs, les sages, de se creuser la tête à rechercher la loi du bonheur et de la justice. Ensuite, dès que c'est le Créateur lui-même qui a assigné la misère pour lot fatal à ses créatures, il est clair que celles-ci n'ont rien de mieux à faire que de se résigner sous la volonté du destin.

Ainsi les forts aidés des sages ont forcé Dieu d'écrire dans leurs chartes, à côté de la condamnation au travail et à la misère pour le grand nombre, le droit de fainéantise et de richesse pour le petit nombre. Car c'est là le secret de toutes les morales antiques et de tous les dogmes imposteurs qui ont fait Dieu méchant. Le dogme de la damnation de la masse n'a d'autre but que de réserver aux élus le monopole des jouissances et des biens de ce monde.

Et ils eurent l'audace d'appeler une révélation *spontanée* de Dieu cette sentence d'iniquité qu'ils avaient arrachée de force à ce Dieu qui n'en pouvait mais...

Et comme ces forts ne pouvaient entourer de trop de garanties et d'inviolabilité une charte qui leur créait de si doux priviléges, ils eurent grand soin dès le principe de placer la volonté de Dieu, soi-disant *révélée*, sous la protection de la loi humaine qu'ils interprétaient seuls par privilége de naissance, qu'ils confectionnaient et qu'ils exécutaient seuls.

En conséquence, ils instituèrent le bourreau, un personnage armé de la hache et du glaive, et qui eut pour fonction spéciale de sanctionner le commandement de Dieu et de veiller à son exécution.

Et comme il vint cinquante législateurs de peuples qui bâtirent l'édifice de leurs morales et de leurs religions sur cette théorie mensongère de la division du genre humain en deux castes, le faible s'entendant condamner au travail par la voix de tant de sages, le faible comprimé au dedans par la terreur religieuse, au dehors par la force matérielle, finit par accepter la condamnation de Dieu et courba docilement sa tête sous le joug de la servitude comme le bœuf indolent.

Les sages écrivirent aussitôt son acquiescement dans leur loi, et publièrent force traités de morale où il était enseigné que la résignation à la souffrance était l'unique voie du ciel, la plus sainte et la plus méritoire des vertus.

Du reste, ils se montrèrent généreux à l'égard de celui qu'ils avaient déshérité des jouissances de ce monde; ils consentirent à lui faire une place superbe dans l'autre ; même ils lui mesurèrent sa gloire dans le ciel à la mesure de ses peines d'ici-bas. Concession touchante !

Et désormais toute répétition d'un droit quelconque par des travailleurs opprimés, toute révolte contre la loi tyrannique des forts fut qualifiée d'hérésie et de crime de lèse-divinité. Et le sang qui coula dans les hécatombes humaines fut appelé par les dominateurs de la terre le ciment de l'union entre Dieu et ses élus. Je ne sais pas d'atroce folie humaine, d'impie scélératesse qui ne se soit accomplie sur cette terre au nom de quelque décret émané du Très-Haut.

Remarquez bien que le dieu de toutes ces doctrines religieuses est d'autant plus altéré de vengeance et porté pour le sang, que les préceptes de sa loi sont plus en désaccord avec les principes éternels de justice et d'égalité. Il est connu d'ailleurs en sacristie qu'il n'y a que les autels des dieux méchants qui fassent vivre le prêtre. Si Dieu ne se mettait pas perpétuellement en colère, ses ministres mourraient de faim. Le sang de saint Janvier, à Naples, ne se liquéfie pas avant que l'escarcelle de l'opérateur ne soit comble.

Retenez déjà bien ceci de l'enseignement historique, prolétaires, car ceci est la raison fondamentale de votre longue oppression, le nœud gordien qu'il vous faut trancher avant de marcher à la conquête des destinées heureuses.

Le dogme de la damnation éternelle, ou du péché originel, ou de la condamnation au travail, n'a été inventé par les prêtres que pour légitimer le droit de paresse et la propriété féodale. Pour soutenir ce dogme, il fallait nécessairement un dieu méchant, un dieu exterminateur, sur lequel on pût faire retomber tout le sang innocent versé par les privilégiés. Les imposteurs ont forgé ce Dieu à leur image, et ils lui ont prêté toutes les sales passions qui fermentaient en leurs âmes ; et les peuples ont entendu ces étranges paroles sortir de la bouche des plus impitoyables logiciens du dogme de la terreur :

« Toute grandeur, toute puissance, toute subordination repose sur le
« bourreau ; il est l'horreur et le lien de l'association humaine. Otez du
« monde cet agent incompréhensible : dans l'instant même l'ordre fait
« place au chaos, les trônes s'abîment et la société disparaît. Dieu, qui
« est l'auteur de la souveraineté, l'est donc aussi du châtiment ; il a jeté
« notre terre sur ces deux pôles, car *Jéhovah est le maître des deux pôles,*
« *et sur eux il fait tourner le monde !* »       (JOSEPH DE MAISTRE.)

Le bourreau, un des pôles du monde ; le pape, l'autre! Voilà la doctrine des prêtres formulée dans son expression la plus concise et la plus énergique, par le plus hardi et le plus franc de tous les champions de l'absolutisme. Je ne calomnie pas en prêtant à un homme de grand esprit ces paroles volées à Satan. Je vous disais bien qu'aucune idée de liberté, de fraternité ou de justice, ne saurait tenir dans un cerveau humain où l'imposture catholique s'est une fois logée.

Mais le peuple de Paris, heureusement, est encore plus rigoureux logicien que De Maistre; et il savait bien ce qu'il faisait au 24 février, ce peuple, quand il voulait brûler sur le même bûcher le trône et la guillotine; et l'accomplissement de la volonté du peuple n'est qu'ajournée, je vous le jure; et elle s'accomplira prochainement. Et ce jour-là le chaos ne remplacera pas l'ordre, mais l'ordre s'établira, au contraire; car le vieux monde, le monde anarchique, qui pivotait sur le bourreau et sur la tyrannie, s'écroulera..., et un monde nouveau lui fera place qui pivotera sur le bonheur et sur la liberté, ses véritables pôles, et De Maistre en aura menti comme les autres imposteurs, à la face des nations.

Mais reprenons nos conclusions historiques de tout à l'heure et ne nous interrompons plus :

Il n'y a qu'une seule religion, celle de la propriété privilégiée, de la propriété féodale. Cela doit être, puisque c'est le monopole de la propriété qui confère le privilége de fainéantise, et que ce sont les fainéants qui font les religions révélées.

C'est en effet ce qu'établit l'histoire, et l'opinion de M. de Montalembert et celle de De Maistre sont conformes sur ce point aux doctrines de tous les révélateurs des antiques religions de l'Asie. Le dieu de M. de Montalembert, il vous l'a nommé une fois à la tribune nationale, c'est le diable, le diable qui tient tant de place dans la légende catholique, le diable qui a fait gagner tant de millions aux prêtres, le diable qui veille à la garde de la propriété féodale, une fourche à la main, et qui a pour consigne de précipiter dans les flammes éternelles quiconque attentera au droit légitime du propriétaire, noble ou prêtre. Le dieu de M. Granier de Cassagnac s'arme aussi d'une fourche, à défaut d'arme à feu.

Le fils des Croisés dira peut-être que je le calomnie et que je lui impute bien gratuitement un blasphème; mais je suis plus croyable que M. de Montalembert, moi qui ne fais pas comme lui abnégation de mon intelligence d'homme pour ajouter foi aux miracles, et qui n'ai pas donné comme lui ma raison à tenir à un prêtre.

Quand la religion instituait le droit divin de la fainéantise, il était logique que la morale, qui est la règle de conduite dictée par Dieu aux hommes, inspirât à ceux-ci le respect de la fainéantise; à plus forte raison, que la loi, qui est le contrat social, fût basée sur l'observation rigoureuse des commandements de Dieu. C'est ce qui se fit, toujours par l'entremise des sages, des prêtres, interprètes patentés de la volonté de Dieu.

Comme il n'y a jamais eu qu'une religion, la religion protectrice de la propriété privilégiée, il n'y a jamais eu qu'une loi, la loi protectrice de la propriété privilégiée.

La loi antique et la morale religieuse antique, conservées respectueusement parmi nous, n'ont qu'un but en effet :

Protéger les priviléges des classes fainéantes, des élus, contre les droits des classes opprimées, des travailleurs ;

Consacrer la légitimité du privilége, nier le droit du travail.

Fouillez-moi dans cet arsenal de lois humaines, dont le catalogue seul suffirait pour emplir des bibliothèques nationales, déchiffrez la lettre de toutes ces lois romaines ou féodales, débrouillez-en l'esprit, et je vous défie d'y découvrir une autre définition de la loi que celle-ci :

La loi a pour objet de *réprimer les passions du grand nombre, afin de favoriser l'essor des passions du petit nombre.*

Les lois, comme on l'a dit, sont des toiles d'araignées qui laissent pas
ser les gros voleurs et n'arrêtent que les petits.

Volez une gerbe de blé sur le champ du riche voisin, pour ravitailler
votre famille, épuisée par trois jours de jeûne, et la loi vous condamnera
à cinq ans de réclusion. Volez dix millions à la Bourse, en propageant une
nouvelle fausse, et vous serez admiré et glorifié par tous les puissants de
la terre, et les courtisans du succès se presseront pour vous faire place
dans le palais des rois, et M. Thiers, receveur général du département du
Nord par les femmes, vous illustrera dans ses livres.

L'amour essaya bien de protester, dès l'origine, en faveur du dieu bon
contre le dieu méchant, et de faire prévaloir le dogme du bonheur sur
celui de la souffrance. Mais ceux qui s'étaient arrogé le privilége de parler au nom de l'Eternel, fulminèrent l'anathême contre la passion sainte;
et comme ils savaient avoir une irréconciliable ennemie en la femme qui
règne par l'attrait et à qui la violence répugne, ils s'entendirent pour pa-
ralyser sa résistance et étouffer sa voix. De cette créature de prédilection
du Seigneur, et sur le front de laquelle il avait déposé le cachet de sa
puissance pour qu'on l'adorât comme lui, ils firent une créature inférieure, auxiliaire de Satan par sa beauté fatale. Ils la ravalèrent à la
condition de la brute et lui refusèrent une âme. La femme, dont le cœur
resta toujours vierge des souillures de l'égoïsme et de l'iniquité, et sem-
blé pétri d'arômes plus épurés que le nôtre, la femme fut vouée par
eux à la malédiction universelle. Ils l'accusèrent d'être la cause originelle
de la perdition du genre humain, et inventèrent contre elle et contre
Dieu la plus stupide des fables, une pomme qu'elle aurait cueillie à l'in-
stigation du serpent tentateur, dans un jardin de délices, *un jardin de
délices, où il était défendu d'aimer*... Et désormais la femme avilie et mau-
dite ne fut plus qu'un objet de luxe, un instrument de volupté, une
esclave, une chose qui se vend et qui s'achète, et elle a fini par devenir
partie intégrante de la richesse mobilière de son seigneur et maître. Et
les élus, les saints, profitèrent de la dégradation et du bas prix de la victime pour l'asservir et pour accaparer au profit de leur caste le monopole
du droit d'amour, cette cause de perdition si déplaisante à Dieu.

Un seul peuple de l'antiquité, le peuple grec, né sous un doux climat
et merveilleusement doué du sentiment du beau et de l'esprit de
justice, protesta contre la condamnation de la femme et le dogme de
l'expiation. Le peuple grec fit mieux; il réhabilita la passion et divinisa
la femme et lui donna dans son Olympe la place d'honneur qui lui était
due. Car la beauté, dirent-ils, est la mère de l'amour, âme et principe du
monde et maître souverain des hommes et des dieux.

Par cette seule exception à la sottise dominante et à l'hypocrisie universelle, le peuple grec s'est acquis une immortelle gloire; et la petite république d'Athènes a tenu dans l'histoire plus de place que dix grands
empires, que Rome et Babylone et toute la puissance du grand roi. Et s'il
fut donné à Athènes d'initier le monde à la vie de la pensée et de l'art, de
fournir à la liberté tant d'apôtres, de léguer à l'admiration de la postérité
tant d'inimitables chefs-d'œuvre d'éloquence écrite ou parlée, de poésie,
d'architecture, de sculpture; si le peuple athénien, en un mot, est le seul
qui ait mérité jusqu'ici d'être appelé le peuple de Dieu, c'est, redisons-le
bien, pour avoir reconnu et adoré le premier le principe divin qui régit
le monde moral et matériel, l'attraction, la passion, l'amour, source de
toute poésie, comme de toute vraie religion et de toute liberté. Oui, le
culte de la beauté qui enfante les merveilles des arts, et la génuflexion
passionnée de l'homme devant les idoles de Vénus, sont actes religieux et

témoignages de respect pour la loi de Dieu qui nous a créés et mis au monde pour aimer et non pour souffrir. Et Phidias, et Raphaël, et Racine, et Lamartine n'ont été si religieux dans leurs œuvres, n'ont été des artistes si supérieurs à tant d'autres que pour avoir mieux traduit que les autres le langage d'amour, que pour avoir plus aimé. Et la religion catholique, qui se vante à faux d'avoir renversé les idoles des faux dieux de l'Olympe, n'a échappé elle-même au danger de mort, à l'époque de la Renaissance, qu'en reniant son principe de renoncement, qu'en se faisant grecque et païenne, qu'en permettant aux artistes merveilleux de ces grands jours d'incarner l'âme de la Vierge mère dans le corps de Vénus. Voilà la vérité.

Pauvres aveugles et pauvres insensés que nous sommes, qui parlons de liberté et tenons la femme esclave ; qui avons effacé son nom du livre de vie politique, et qui, dans nos théories d'égalité les plus aventureuses, n'osons pas reconnaître à la femme, notre mère, les mêmes droits qu'à nous ! Écoutez-moi, l'oppression est entrée dans le monde par l'asservissement du sexe le plus faible, et elle n'en sortira que par l'affranchissement de la femme, parce qu'il n'est pas donné à la femme esclave d'enfanter des hommes libres. La raison admet encore moins l'esclavage d'un sexe tout entier que l'esclavage d'une caste.

Résignation, c'est-à-dire oppression de la masse par le petit nombre, du travailleur par le fainéant, de la femme par l'homme, voilà donc, avons-nous dit, le fond de toutes les doctrines révélées.

La Grèce est le seul pays du monde où les dieux soient humains et montrent, à peu de chose près, autant de bon sens que les hommes. C'est là que devait naître Socrate, le précurseur du Christ, Socrate, le premier apôtre et le premier martyr de cette religion de fraternité et d'amour que le socialisme a mission de faire triompher aujourd'hui.

En regard du peuple grec se dresse dans l'histoire le peuple juif ; en regard de Socrate et de Jésus-Christ, Moïse ; en regard du dieu d'amour et d'égalité, le dieu de l'antagonisme et de la caste.

*La Bible, code de la superstition, de l'usure et de la barbarie.*

Louis Blanc nous exposait un soir au Luxembourg, avec cette éloquence passionnée qui lui venait du cœur, le plan d'une magnifique fête révolutionnaire vraiment digne de ce nom et du peuple de Paris. Il s'agissait d'un auto-da-fé universel d'instruments de supplice. Le bûcher devait être élevé au milieu de Champ-de-Mars, en présence d'un million de spectateurs convoqués de toutes les parties de la France et de toutes les contrées du monde. Puis, du sein de la flamme et sur le monceau de cendres des échafauds consumés, aurait surgi un autel de la fraternité radieux et gigantesque, sur lequel tous les délégués des nations asservies ou libres auraient juré la sainte alliance des peuples et uni leurs mains dans une immortelle étreinte, pour jeter à l'absolutisme le gage de défi... Je demandai par amendement au projet que le bûcher expiatoire fût construit de toutes les bibles et de tous les exemplaires de Say et de Malthus qu'on eût pu se procurer.

Car la Bible est le code des bourreaux de la terre, l'arsenal de toute imposture religieuse et de toute tyrannie, le code du privilége, de l'usure et de la fainéantise, le répertoire des calomnies les plus atroces que la perversité et la démence humaines aient pu inventer contre Dieu.

On compte, parmi les saints les plus vénérés de la légende biblique, un père qui veut égorger son enfant pour être agréable au Seigneur ; un fourbe luxurieux qui vole son droit d'aînesse à son frère après l'avoir séduit par un plat de lentilles ; un guerrier qui fait massacrer impitoyablement tous les habitants d'une contrée qui ne prononcent pas purement le substantif *Siboleth*, sous prétexte que ce vice de prononciation affecte désagréablement les oreilles de son dieu ; plus un tas de bandits, de voleurs et d'assassins de tout sexe, honte de l'espèce humaine. Le plus illustre et le plus aimé de Dieu parmi tous les dévots personnages livrés à notre admiration par les *Saintes* Écritures, est un roi sauteur et poëte qui, après avoir volé le trône d'Israël à Saül, vole à Urie sa femme et le fait tuer après dans un odieux guet-à-pens, pour le récompenser de ses services. Le plus *sage* de tous est le pieux roi Salomon, ce digne fils de son père, qui se contente de trois cents femmes et de sept cents concubines !

Le révélateur de la loi juive, celui qui a des entretiens avec Jéhova en personne sur le mont Sinaï, Moïse, le fourbe des fourbes, écrit en tête de cette loi sanguinaire : *OEil pour œil, dent pour dent.* (Exode.)

Le précepte fait fureur, comme l'exemple de purisme grammatical cité plus haut, et l'histoire des nombreuses nations chrétiennes dont la religion relève de la Bible dégoutte de sang humain. La vraie religion, qui devait signifier d'après son étymologie même le *reliement* de tous les membres de l'humanité entre eux et de l'humanité avec Dieu, n'a été pour chaque peuple que la manière particulière de prononcer le nom de Dieu. Et la raison et la fraternité n'ont commencé à rentrer dans les esprits des hommes qu'après que la philosophie sceptique en a eu expulsé la foi.

Moïse attribue le privilége de prêtrise ou de fainéantise à la tribu de Lévi, privilége inviolable qu'il étaie sur la dîme. Le peuple stupide, qui a déjà accepté le colloque du Très-Haut avec le sténographe du Décalogue dans le buisson ardent et l'histoire de la conversation criminelle du serpent avec la première femme, le peuple moutonnier souscrit à la révélation. S'il fait mine de s'insurger d'ailleurs, le prophète, qui semble être au courant des secrets de la magie blanche et qui n'entend pas raillerie sur l'article de foi, saura faire s'entrouvrir au besoin, sous les pas des incrédules, un abîme de feu qui les engloutira.

Le génie du mal qui souffle l'inspiré lui a dit que le pauvre qui subit l'usure devient fatalement l'esclave du riche qui l'impose. Alors Moïse interdit l'usure à son peuple, mais seulement de juif à juif. Il là recommande saintement au contraire à l'égard de l'étranger :

*Non fœnerabis proximo tuo, sed alieno;* mot à mot : *Tu n'usureras point avec ton prochain, mais avec l'étranger.*

Il formule plus catégoriquement encore sa damnable théorie de l'usure, dans ce même *Deutéronome* (ch. XV, v. 6) :

*Prête de l'argent aux nations et ne leur en emprunte jamais, et tu les domineras, et personne ne sera ton maître.*

Jamais la théorie de l'exploitation du travail par le capital, du grand nombre par la caste, du monde par un peuple, ne fut plus insolemment formulée. Toute la politique de la tyrannie du riche sur le pauvre est résumée en ce texte.

Le peuple juif est le peuple de Dieu, à qui Dieu livre le monde comme une proie. Exploite, asservis, tue, tue tous ceux qui ne prononcent pas purement Siboleth, je t'en donne le droit ; fais l'usure avec les nations et je t'élèverai au-dessus de toutes les dominations de la terre.

Ainsi dit le Dieu de Moïse.

Et le peuple de Jéhovah a obéi aux ordres de son Dieu, et par le moyen de l'usure le juif règne aujourd'hui en maître souverain sur tous les empires de la terre. C'est le juif qui perçoit l'intérêt de toutes les dettes des États européens. Le Pape paie son tribut aux juifs.

Ne m'objectez pas sottement, à l'instar des économistes libéraux, que c'est la persécution qui a forcé le juif de se réfugier dans l'usure et dans tous les métiers infimes dont il a le monopole sur tous les points du globe où il a mis le pied. Le juif est usurier de sang et de religion ; exploiter les nations est pour lui œuvre méritoire. Il n'est plus aujourd'hui ni persécuté ni pauvre, et néamoins sa haute fortune ne l'a pas fait changer de métier. Renoncer à l'usure serait pour lui renoncer à sa foi religieuse.

Et la preuve que c'est sa religion qui l'a fait parasite, c'est que tout ce qui lit dans la Bible est juif jusqu'à la moëlle des os. L'Anglais, le Hollandais et le Genevois sont tous juifs. Il y a même un proverbe de Bourse qui dit qu'un Genevois vaut six juifs pour l'âpreté au lucre. Michel l'apostat l'a écrit : Juif et protestant sont tout un. C'est Calvin qui le premier réhabilite l'usure, le prêt à intérêt, réprouvé jusqu'à lui par toutes les églises chrétiennes.

Le Juif, l'Anglais, le Hollandais, le Genevois, sont les quatre grandes tribus de ce prétendu peuple de Dieu, de ce peuple de proie qui vit de rapine et d'usure, accroupi sur le reste de l'espèce humaine à la façon des vautours. La communauté de foi religieuse est l'anneau de fer qui relie en une seule et même ligue contre le travail universel tous ces monopoleurs du commerce, tous ces détenteurs du capital. Tous ces privilégiés de la fainéantise, qui s'appellent nababs, banquiers, lords, tous ces maîtres de la Terre à qui la misère de tous les exploités, serfs de l'industrie ou de la glèbe, paie un si lourd tribu d'or, de sang et de sueurs, sont enfants du même Dieu.

Vous comprenez maintenant, prolétaires, les raisons de ce respect fanatique que le juif et le protestant portent à leur religion et qui leur fait observer si dévotement le saint jour du sabbat ; c'est que la Bible recommande le trafic et l'usure et légitime *l'infâme*. L'Anglais, qui ne fait d'autre métier que d'empoisonner des peuples, piller des capitales et voler des provinces, l'Anglais n'agit jamais sans consulter sa Bible. Pritchard le pharmacien tenait débit d'opium et d'Anciens Testaments !

Il y a de l'Anglais au juif la même distance que de l'aigle au vautour.

L'Anglais, peuple guerrier, aime la chair vive comme l'aigle ; il attaque sa proie de haute lutte ; sa voracité le fait brave ; il a payé de vingt milliards d'argent et de vingt ans de glorieux combats sa victoire sur la Révolution française.

Le juif, qui vit, comme le vautour, de la chair des cadavres, a attendu que la France fût portée bas par l'Anglais pour se jeter dessus.

Ecoutez le nom du peuple que toutes les nations opprimées maudissent, de la Chine et de l'Indus à l'Irlande et au Tage : c'est celui de l'Anglais ; le nom du parasite maudit depuis des siècles par tous les travailleurs, c'est celui du juif. Londres-Juda, ainsi s'appelle le vampire insatiable, moitié aigle moitié vautour, que le génie du mal a attaché aux flancs du Prométhée moderne, pour s'abreuver de son sang et se repaître de ses chairs. Et c'est nous, travailleurs de France, qui devons tuer le monstre et délivrer la victime.

Oh ! j'ai raison, je vous le jure, quand je prends le juif pour la personnification de l'usure, malgré tout ce qu'en a pu dire M. Proudhon, l'ennemi du capital, qui a trouvé moyen de faire de la Bible *un hymne sans fin à la justice et à la charité*, comme il avait déjà trouvé je ne sais où que *l'idéal de l'amour était la répugnance du sexe*, et le talent *l'attribut des natures disgraciées.*

M. Proudhon me semble mieux inspiré quand il reconnaît que c'est avec sa Bible et ses missionnaires que la dévote Angleterre a commencé partout l'œuvre de ses spoliations et de ses brigandages. Si les Anglais avaient jugé comme M. Proudhon que la Bible fût un saint livre, probablement qu'ils ne l'auraient pas choisi pour préparer les voies à leur politique infernale.

( Je prends le juif pour la personnification de l'usure, non pas seulement parce que la tradition et le langage de tous les peuples ont décrété cette personnification avant moi, mais bien parce que le juif, le vrai juif de Juda, le Shylock qui prête sur gage de chair humaine, est en réalité le type le plus complet de l'usurier;—parce que le juif, qui n'a point de patrie, ne paie nulle part l'impôt du sang ;—parce qu'on ne sait pas de juif qui cultive la terre, qui fasse œuvre utile de ses doigts, qui manie le mousquet, le rabot ou la pioche ; — parce que l'unique fonction de ce juif est de partout brocanter et rogner des écus ;—parce c'est pour lui, en un mot, pour lui spécialement que Moïse, le fourbe des fourbes, a inventé son dieu sanguinaire et barbare.

Donc, « j'appelle, comme le peuple, de ce nom méprisé de juif, tout trafiquant d'espèces, tout parasite improductif, vivant de la substance et du travail d'autrui. »

Et je dis que ce juif est tout-puissant aujourd'hui en Angleterre, en France, en Europe et partout.

Et la puissance du juif est d'autant plus formidable qu'elle semble s'appuyer sur la science, et qu'elle a pour aide et appui la secte des économistes, la secte des fatalistes de la misère, secte honorée et impie en possession de fournir depuis quarante ans des ministres à tous les gouvernements constitutionnels.

Les économistes sont les hommes pratiques de la Bible. Malthus procède directement de Moïse.

Les malthusiens partent du principe de la division du genre humain en deux castes, pour démontrer la nécessité d'interdire le *droit d'amour et de paternité* à la caste inférieure. Ils écrivent que la nature n'a pas réservé de place pour les enfants du pauvre au banquet de la vie. Ils affirment encore que c'est le riche qui fait vivre le pauvre, et que celui-ci périrait d'inanition, si le riche n'était pas là comme une sorte de Providence pour lui *commander le travail*. Enfin, pour être conséquents avec leur doctrine, les souteneurs de l'aristocratie de droit divin ont été entraînés à glorifier les débordements du luxe. Le luxe a baptisé une secte d'économistes dont fait partie M. Thiers, et la folle prodigalité de Lucullus s'appelle de son petit nom *bienfaisance*, quand on n'ose pas l'élever à la hauteur de ces vertus chrétiennes qui vous ouvrent d'emblée le ciel.

La révolution de 89 a tout secoué en France ; elle a tué le pouvoir de droit divin, brûlé les parchemins de l'aristocratie, et fait rendre gorge au clergé de ce revenu fabuleux d'un milliard dont l'avait doté la peur, la peur stupide de l'enfer, habilement exploitée pendant douze à treize siècles. La révolution de 89, la seule révolution française qui ait droit de se nommer ainsi, a fait passer le niveau de l'égalité sur toutes les usurpations orgueilleuses ; mais vainement a-t-elle essayé de relever le travailleur de sa déchéance séculaire ; parce que la science de la réalisation, la science du crédit a fait défaut au génie révolutionnaire de ses hommes. La révolution de 89 a laissé le juif debout ; elle a maintenu dans la loi le principe de l'usure, et par cette seule omission elle a ouvert la porte au retour de tous les priviléges; car tous les priviléges encore une fois n'ont qu'un nom, celui de fainéantise, et ce privilége consiste à jouir sans travailler. Alors, peu importe qu'il soit exercé par un noble ou par un juif; son poids est tout aussi lourd, et son oppression aussi humiliante dans un cas que dans l'autre. L'Empire n'a fait que consolider l'omnipotence du juif, par ses grandes guerres qui forcèrent toute l'Europe de recourir aux emprunts nationaux, dont le juif fut le négociateur suprême. La chute de l'Empire, amenée par une coalition d'accapareurs, a décidé l'avénement de la féodalité financière en France. La Restauration, avide de jouissances, a prodigué les milliards et les titres de noblesse à ces marchands d'écus. Le règne de Louis-Philippe n'a été, à proprement parler, que le règne du juif. Tout ce qui s'est fait depuis février s'est fait pour le juif et par le juif.

L'élu du 10 décembre, l'ex-détenu de Ham, l'homme qui écrivit dans sa prison le livre de l'*Extinction du paupérisme*, le neveu de Napoléon, cette grande victime des juifs, le premier personnage de l'Etat a mené un jour à grandes guides, au palais de l'agiotage, le juif Fould, comme pour déclarer solennellement au pays qu'il y avait entente cordiale entre le juif et le gouvernement nouveau.

De la part d'un prince chrétien, ce procédé m'a surpris. D'autant que ce juif Fould passe, à tort ou à raison, pour avoir proposé une banqueroute nationale le lendemain de février.

Après cela, si ce juif jouait à la baisse au moment de la révolution, on ne peut pas trouver étrange qu'il ait conseillé la banqueroute. Chacun pour soi, dit Malthus.

Mais Jésus-Christ, de son temps, chassait les banquiers juifs du temple et ne les honorait pas.

Voilà pourquoi je pense que pas un prince *chrétien* d'une autre dynastie n'eût osé faire à un juif l'honneur de le conduire en triomphe au palais de l'agio.

Après la glorification du juif, personnification du parasitisme commercial et de la féodalité mercantile, devait venir la glorification du pape, personnification de l'obscurantisme et de la superstition.

Le gouvernement nouveau a été conséquent dans ses actes. Il a voulu restaurer le pape, chassé de son trône par une révolution, fille de la nôtre. Sa politique du dedans va de pair avec sa politique du dehors; et les Anglais s'amusent infiniment, dit-on, de ces deux politiques.

Nous avions dit qu'il n'existait que deux tyrannies dans ce monde : celle du juif, qui martyrise le corps; celle du prêtre, qui tient l'âme captive. Or, la révolution de Février les a consolidées.

Gloire au pape et au juif! Voilà où nous en sommes en France, en l'an de grâce 1849, cent ans après Voltaire!

Donc, au 24 février 1848, amis, vous ne travailliez pas pour vous. C'est ce qu'il s'agissait de démontrer.

Ne me dites pas qu'il vous reste toujours le suffrage universel, triste levier d'Archimède, privé de point d'appui, le suffrage universel qui nous a rendu le banc des évêques avec Montalembert et Falloux, et le reste! Quand je vous dis que vous n'avez rien gagné à la Révolution, ne me donnez pas un démenti pour le suffrage universel!

Amis, si le retour trop fréquent de ces mystifications vous irrite, si vous voulez, comme moi, qu'elles ne se renouvellent plus, profitez de l'enseignement de votre propre histoire. Elle vous a dit les moyens d'en finir avec les révolutions de noms propres.

Il ne s'agit que d'extirper de nos institutions la superstition et l'usure, mères de l'ignorance et de la misère.

Commençons par relever l'homme de sa déchéance et de la malédiction de la Bible, et par laver Dieu de toutes les calomnies que l'imposture religieuse a accumulées contre lui; tout cela peut se faire sans émeute et en très-peu de temps. Je n'ai pas confiance dans le fusil pour la solution des questions sociales.

Cent révolutions politiques ont passé depuis six mille ans sur la face du monde, et aucune n'a osé dire encore : *L'homme a droit au bonheur.* Voilà pourquoi aucune n'a abouti; et aucune n'aboutira jamais, entendez-vous, tant que pèsera sur les âmes le préjugé impie de la damnation éternelle, qui rive les masses à la souffrance et livre le travailleur à la merci du fainéant. Prononçons donc sans plus tarder la formule de délivrance.

Le Christ seul a osé protester au nom du Dieu de vérité contre le Dieu de la Bible, et lui seul a promis aux justes la jouissance des biens de ce monde en récompense de leur justice.

Reprenons la formule du Christ et incarnons-la dans nos lois, aujourd'hui que les travaux des générations passées et le génie de la science ont déposé en nos mains les moyens de réaliser la justice et de faire descendre le règne de Dieu sur la terre.

Chassons l'usure et l'imposture de nos institutions ; tuons le dogme et laissons aller les sectaires. Quand l'édifice du parasitisme sera près de crouler chez nous, quand il n'y aura plus de place pour le brocanteur parasite au soleil de notre patrie, le juif émigrera spontanément de France, à l'instar de ces rougeurs immondes que leur instinct de conservation éloigne des maisons qui menacent ruine. Quand les rayons de l'amour pur auront illuminé nos âmes et dissipé autour de nous les ténèbres, l'oiseau de nuit, l'homme noir qu'offusque la lumière, prendra son vol pour les régions maudites et ne nous effraiera plus de ses cris.

Et les nations auront désormais à choisir entre le peuple de Jésus et celui de Moïse, entre le Français et le Juif.

Mais le moyen de procéder à la réforme radicale, sans émeute ni révolution?

Ce moyen est la réhabilition du travail.

Les cieux racontent la gloire de Dieu et révèlent le secret des harmonies d'en haut. Il n'y a qu'à les imiter pour bien faire.

Le Soleil, foyer de lumière, de chaleur et de vie, tient la place d'honneur parmi les astres du tourbillon qu'il éclaire et féconde. De là l'ordre dans le ciel.

Pour que l'harmonie se fasse sur la terre comme au ciel, il faut que le travail, qui féconde et embellit la terre, occupe le premier rang parmi les puissances d'ici bas.

Il faut donc que la révolution à venir écrive dans sa loi cette nouvelle déclaration des droits de l'homme :

### DROITS DE L'HOMME.

Le bonheur est la destinée de l'homme. Toute doctrine religieuse enseignant que l'homme est né pour souffrir est une doctrine impie, déshonorante pour la raison humaine et injurieuse à Dieu.

Le bonheur consiste dans la satisfaction de tous les besoins légitimes et dans l'exercice de toutes les facultés.

Les droits de l'homme naissent de ses besoins; ses devoirs de ses facultés ; il lui est du en raison de ses besoins ; il doit en proportion de ses facultés.

Le but de toute société est le bonheur. En conséquence, la loi, qui est le contrat social, doit s'efforcer de garantir à chacun des associés la satisfaction de tous ses besoins légitimes et l'exercice de toutes ses facultés.

Le plus sacré et le plus imprescriptible des droits de l'homme, celui qui prime tous les autres, est le droit de vivre : toute société qui ne garantit pas le droit de vivre à chacun de ses membres est une société barbare condamnée à périr.

La garantie du droit de vivre est la seule garantie de tous les autres droits. La reconnaissance du droit de vivre implique la reconnaissance du droit au travail.

Le travail est en effet l'application des facultés de l'homme à la production. C'est le mode de manifestation de sa puissance créatrice. C'est le plus noble des attributs de l'espèce humaine, et le signe le plus certain de sa perfectibilité et des aparenté avec Dieu.

C'est par le travail que l'homme s'empare de son domaine qui est la terre, qu'il la féconde et l'embellit, et tire de son sein les trésors dont la possession est indispensable à sa félicité. C'est pour cela que le capital des bras est le plus sacré et le plus inviolable de tous les capitaux.

Le travail est l'unique agent producteur de la richesse sociale et le levier de l'émancipation universelle. C'est le travail qui rachète l'homme du double fléau de l'ignorance et de la misère.

La raison humaine proclame que le travail qui est l'expression de la puissance créatrice de l'homme, est la première condition de son bonheur moral et matériel, et non une expiation et une condamnation du sort, comme les dogmes imposteurs l'avaient dit.

La reconnaissance du droit au travail, implique la reconnaissance du droit de propriété. Le droit de propriété est le droit de jouir des fruits de *son* travail, et non le droit de jouir des fruits du travail d'autrui, qui est le privilége de fainéantise et de vol, cachet des sociétés maudites.

Le droit de propriété est limité comme tous les autres, par l'obligation de respecter les droits d'autrui.

Le droit de publier sa pensée par la parole ou par les écrits est sacré et imprescriptible comme le droit de penser.

Le premier devoir du législateur est d'inscrire le droit au travail au frontispice de sa loi ; le second est d'organiser le travail.

L'organisation du travail consiste à attribuer à chacun la fonction pour laquelle il a été créé, afin que cette fonction, exercée avec *charme*, produise son maximum de résultat utile, tant pour les individus que pour la société. L'organisation du travail est le classement hiérarchique des capacités, beaucoup plus que la régularisation de la production et de la consommation.

L'organisation du travail repose sur un système d'éducation sociale, gratuite, intégrale et obligatoire pour tous.

L'éducation intégrale étudie les aptitudes naturelles de l'enfant, développe ses inclinations heureuses, réprime ses penchants vicieux. Elle détermine les fonctions qu'assignent à chaque individu ses attractions et sa capacité.

La reconnaissance du droit au travail et du droit à l'éducation *intégrale* met à néant toute distinction de caste et de naissance parmi les citoyens.

Elle supprime toutes les causes d'oppression, d'iniquité et d'antagonisme. Elle laisse le voleur et le paresseux sans excuse. Nul ne vaut plus que par son travail; la loterie du sort est supprimée; la *fainéantise* devient synonyme *d'idiotisme*. Le privilége de paresse est exclusivement dévolu au crétin.

La reconnaissance du droit au travail et à l'éducation *intégrale*, assied sur des fondements impérissables le régime de l'Égalité, de la Fraternité et de la Liberté.

L'Égalité est en effet le droit de tout citoyen à recevoir de la société les bienfaits d'une éducation gratuite, qui développe toutes les puissances virtuelles de son être, le dirige dans la voie harmonique de sa destinée, et le classe à son rang. L'Égalité engendre la Fraternité et la Liberté.

La Fraternité est le sentiment de solidarité et d'amour que Dieu a mis dans le cœur de tous les hommes, sentiment qui nous fait souffrir de la douleur de nos frères, et qui nous impose le devoir de contribuer à la richesse sociale et au bonheur de tous, en proportion de nos facultés physiques, morales et intellectuelles. Il n'y a plus de place au cœur humain pour la jalousie ni la haine dès que c'est la capacité seule, développée par l'éducation, qui distribue les rangs dans la société. La Fraternité décrète que toutes les professions sont également honorables, attendu que tout citoyen qui fait tout ce qu'il *peut*, fait tout ce qu'il *doit*.

La Liberté est le *pouvoir* de satisfaire ses désirs légitimes et d'exercer toutes ses facultés. La liberté est l'obéissance à la loi de Dieu qui est l'attraction et qui nous convie incessamment au bonheur. La liberté repose donc sur l'exercice de la fonction *attrayante*... Or, la fonction attrayante est donnée par l'éducation intégrale et gratuite, qui est la traduction du mot Égalité. La liberté n'a pour limites que le respect de la liberté d'autrui. La sphère de la liberté s'agrandit en proportion de l'accroissement de la richesse sociale.

---

Ainsi, le premier résultat de l'organisation du travail est d'assurer à chacun et à tous les bienfaits de l'égalité, de la fraternité et de la liberté, ces éternelles aspirations de l'âme humaine, à travers tous les siècles, ces trois grands principes constitutifs de toutes les sociétés.

Ainsi toutes ces idées d'égalité, de fraternité, de liberté, de bonheur sont la même et reposent toutes sur la glorification du travail. Donc, quand nous prenons pour devise : *gloire au travail*, c'est comme si nous adressions le cartel de mort au privilége et au parasitisme. Quand nous déclarons que l'*homme a droit au bonheur*, il est sous-entendu que nous jetons bas l'imposture biblique et catholique qui condamne l'homme à la souffrance éternelle, et que nous allons venger Dieu des diffamations stipendiées du prêtre. Ah! tant mieux, mille fois tant mieux, que ces vieillards stupides nous aient refusé dans leur peur, cet humble droit au travail, ce *droit à la corvée*, que nous avions la faiblesse de leur demander à mains jointes. Et bénie soit leur sottise qui nous force à leur imposer la reconnaissance du droit au bonheur pour tous. Vous verrez si demain les plus têtus de ces Pharisiens et de ces princes des prêtres ne seront pas les premiers à nous octroyer spontanément ce bienheureux droit au travail, qu'ils appellent encore aujourd'hui utopie. Seulement, comme il sera un peu trop tard pour accepter l'échange, nous leur exprimerons le regret de ne les pouvoir prendre au mot.

Ainsi, pour le programme de la démolition de l'*ignorance*, fille de la superstition et de l'imposture religieuse, votre formule est toute faite :

*Droit au bonheur ! — Liberté absolue des consciences. — Plus de cultes sala-
riés ! — Éducation gratuite, intégrale et obligatoire pour tous !*

Amis, ne vous inquiétez pas du reste ; le reste viendra de soi-même ; les
biens se tiennent comme les maux, et les programmes les plus courts sont
incontestablement les meilleurs.

Maintenant que voici formulé le décret contre l'ignorance, passons à la
suppression de la misère, fille du privilége d'oisiveté.

Ce privilége d'oisiveté va tomber, frappé du même coup qui a renversé
l'imposture, car nous venons de décider en principe par la glorification
du travail que la fainéantise n'est pas de droit divin.

Mais examinons brièvement quelles sont, après l'imposture religieuse,
les fausses institutions qui servent d'étais au privilége de fainéantise dans
cette société.

Le privilége de fainéantise s'appuie sur trois bases principales : *la rente,*
prix *du loyer* de la terre ; l'intérêt, prix *du loyer* du capital argent ; le
commerce, accapareur et anarchique avec le monopole du crédit pour les
riches...

Travailleurs, je n'écrirai pas, ainsi que l'a fait M. Proudhon, que la
*propriété est le vol.* D'abord, parce que cette proposition me semble
fausse ; ensuite parce que le monopole de la propriété est un fait fatal, et
que la sagesse humaine ne consiste pas à s'emporter en malédictions in-
utiles contre le mal, mais à trouver les moyens de s'en débarrasser.

Oui, le monopole de la propriété est un fait *fatal.* La phase de la propriété a sa place marquée dans l'histoire de l'humanité et il faut absolument que l'humanité la subisse. Le monopole de la propriété a sa source
dans le cœur humain comme l'avarice qui est la peur exagérée de la misère et qui est *légitime,* puisque la misère est l'entrée de l'homme en ilotisme. L'amour de la propriété a été dans le monde au même titre que le
mal, un des stimulants les plus énergiques du progrès. La propriété est de
droit, tant que la misère existe ; car tant que la misère existe, vous ne pouvez
empêcher l'industrieux de réagir de toutes ses forces contre le fléau impi-
toyable qui menace de lui ravir tous ses droits, toute sa diginité
de créature humaine. Tant que règnent la misère et l'insolidarité, vous
ne pouvez refuser au bon père de famille le droit d'économiser sur ses
privations personnelles les moyens d'assurer à ses enfants les priviléges
de *l'indépendance,* laquelle indépendance n'a d'autre garantie *que la richesse.* Ah ! que l'égalité de tous les enfants de la même patrie soit une
fois proclamée et que l'organisation du travail assigne à chacun, dans la
société, la fonction qui lui est propre... Que la société se charge sérieusement une fois du rôle de la providence paternelle, et vous verrez immé-
diatement se calmer et tomber toutes les fureurs qui s'amoncèlent aujourd'hui autour de cette question brûlante de la propriété que nul
n'ose aborder sans effroi. Que le père n'ait plus à redouter pour
sa famille les sinistres éventualités de l'avenir, le servage militaire pour
son fils unique, la prostitution pour sa fille ; et l'égoïsme paternel qui lui
suggère en ce moment des pensées d'avarice et de vol, se fondra dans son
cœur en un surcroît d'amour pour ses enfants ; et le bonheur des enfants
des autres ne lui semblera plus, comme en l'état actuel, une menace pour
le bonheur des siens. Et les hommes redevenus frères, et réintégrés par
l'aisance générale et la sécurité de l'avenir dans la pleine possession de
leur âme, ne voudront plus croire que cette misérable question du capital,
si facile à résoudre, ait pu diviser si longtemps l'humanité en deux castes,
et tenir pendant six mille ans ce globe sous la loi sanglante de Satan.

Je le répète, quand la propriété d'une méchante parcelle de terrain ou d'un pauvre pécule est, comme aujourd'hui, la seule récompense d'un travail ingrat de quarante ans ; quand cette propriété est pour le travailleur la seule garantie de son indépendance et de sa dignité, il n'est pas juste d'affirmer que la *propriété soit le vol*. Et c'est fort mal comprendre, selon moi, les intérêts des travailleurs que de jeter cette insulte de voleurs à des milliers de propriétaires *légitimes*, pour les éloigner de nos rangs et les chasser dans ceux des fainéants et des usurpateurs.

Amis, c'est à nous de faire que nos alliés naturels, les propriétaires qui ont acquis leur droit de propriété par le travail, et les chefs d'industrie, se rallient à la cause du socialisme et ne pactisent plus avec nos ennemis.

Il nous faut amener à cette cause sainte du droit et de l'égalité tout ce qui produit et travaille. Il nous faut armer contre le privilége et l'iniquité toutes les victimes du privilége. Et vous savez que, parmi ces victimes, le petit propriétaire du sol et le petit propriétaire du métier ne sont pas les moins maltraitées. Puisque nos intérêts sont communs dans la lutte, que nos efforts le soient aussi.

Il y a le droit de propriété et l'abus. Distinguons entre le droit et l'abus. Protégeons l'un, détruisons l'autre.

Le droit de propriété est défini par tous les vrais penseurs : *le droit de jouir du fruit de son travail*. Assurons à chacun la jouissance du fruit de son travail.

L'abus de la propriété est *le privilége de jouir du travail d'autrui*. Démolissons ce privilége, ce véritable droit d'aubaine, que saint Paul, saint Mathieu, Jean-Jacques-Rousseau et tant d'autres ont qualifié de vol. Frappons sur le parasitisme. Nous aurons, pour nous aider dans cette œuvre le concours ardent et dévoué de M. Thiers, *l'ennemi des frélons*, de M. Thiers qui a flétri plus énergiquement encore que Jean-Jacques et saint Paul les prétentions de l'usurpateur oisif dans un livre récent. Écoutons parler M. Thiers :

« Il faut que l'homme travaille, il le faut absolument, afin de faire suc-
« céder à sa misère native le bien-être acquis par la civilisation; *mais*
« *pour qui voulez-vous qu'il travaille? pour lui ou pour un autre?*

« Je me voue à la culture ; j'enfonce un fer en terre, je présente cette
« terre ainsi remuée à l'air fécondant : j'y jette du grain, je veille autour
« pendant qu'il pousse, je le cueille quand il est mûr, je le broie, je le
« soumets au feu, j'en fais du pain. *Ce pain que j'ai fabriqué avec tant d'effort,*
« *à qui est-il ? à moi qui me suis donné tant de peine, ou au paresseux qui*
« *dormait pendant que je m'appliquais à la culture?* Le genre humain ré-
« pondra tout entier que c'est a moi, *car enfin il faut que je vive, et de quel*
« *travail vivrais-je* si ce n'est du mien? Si, au moment où je vais por-
« ter à ma bouche ce pain que j'ai produit, un *paresseux se jetait sur moi*
« *et me l'enlevait, que me resterait-il donc à faire, si non de me jeter sur un au-*
« *tre et de lui rendre ce qu'on m'aurait fait ?*

« .... Il est d'une équité évidente que le résultat du travail de l'homme
« lui *profite à lui*, non a un autre, et devienne sa propriété, sa propriété
« exclusive. »

Bravo ! Bravissimo ! M. le fermier général !

Je suis de l'avis de M. Thiers : *Il est juste que le produit du travail du cultivateur* (du fermier) *soit à celui qui s'est donné de la peine pour l'obtenir, et non au* paresseux (au propriétaire) *qui dormait au soleil* (ou promenait sa paresse aux rivages embaumés de la mer de Sorrente) *pendant que le fermier s'appliquait à la culture.*

Je ne sais pas bien si c'est là ce que M. Thiers a voulu dire, mais il est évident que c'est là ce qu'il a dit ; je n'ai pas à m'occuper des restrictions mentales de M. Thiers.

Or il est, ce me semble, un moyen simple, rationnel et éminemment pacifique de faire que ce paresseux qui dort au soleil, pendant que le cultivateur cultive sa terre, ne profite pas exclusivement de la peine qu'il ne s'est pas donnée. Et il n'y a aucune nécessité de recourir aux procédés violents et révolutionnaires pour empêcher le propriétaire oisif de profiter exclusivement de la plus-value donnée à sa propriété par le travail de son fermier, ce qui est une iniquité monstrueuse et révoltante.

Ce moyen consiste à faire déclarer par la loi que nul propriétaire, à dater de ce jour, n'aura le droit d'augmenter le prix de location de sa terre, à l'expiration des baux aujourd'hui existants ; que nul n'aura le droit d'expulser un fermier de son domaine, sans lui rembourser préalablement le prix de la plus-value apportée au domaine par le travail d'icelui et évaluée par experts.

Je me hâte d'ajouter que ce mode de location des terres est depuis longtemps pratiqué dans la riche Angleterre, où il a produit jusqu'à ce jour les plus excellents résultats.

Ainsi le travailleur pourra jouir du fruit de son travail, comme le demande M. Thiers, sans empiéter le moins du monde sur les droits du propriétaire légitime ; et l'on ne verra plus, comme par le passé, le paresseux s'enrichir proportionnellement à l'activité du travailleur.

Et le travailleur gagnera ainsi tous les jours ce que perdra le propriétaire oisif ; et peut-être que par ce moyen les cultivateurs qui font venir le froment apprendront à connaître le goût du pain de froment pur, comme les vignerons le goût du vin.

Restera à répartir le bénéfice de plus-value conquis par le travail entre le fermier et ses aides, afin que la réparation faite aux droits du travailleur ne profite pas exclusivement à un autre exploiteur.

Amis, n'en demandons pas plus pour l'heure au privilége de la propriété ; car nous avons d'autres moyens de procéder à l'extinction graduelle de la *rente*, source primordiale et féconde de tous les priviléges et de toutes les oisivetés.

Nous arrivons à l'*intérêt*, autrement dit au prix de location de l'argent, ou usure.

On a tout dit sur les crimes de l'usure. Toutes les religions humaines, toutes les législations favorables aux travailleurs ont interdit l'usure. Moïse et Calvin seuls l'honorent et la recommandent. Moïse et Calvin sont les pères du Juif, du Genevois, de l'Anglais. L'usure est la plaie la plus douloureuse de l'humanité. Elle a chassé du cœur de l'homme tout sentiment de religion et de fraternité. « Les grands propriétaires, dit Adam « Smith, furent d'abord très-hospitaliers, très-généreux, mais une fois « qu'au moyen du commerce et de la banque ils ont pu accaparer et « échanger leurs denrées contre une valeur qui représentait toutes les « autres, qui donnait droit à toutes les jouissances, l'avarice et la cupi- « dité entrèrent dans leur cœur et en chassèrent l'esprit de fraternité et « de solidarité. »

Ainsi, c'est d'après Smith, l'*intérêt* qui a corrompu la *rente*. M. Thiers, l'ennemi intime du propriétaire oisif, a comparé ce propriétaire au *lion dévorant et jaloux qui se fait un arrondissement de destruction* ; mais le lion dévorant de M. Thiers n'est qu'un agneau à côté du capitaliste, du Juif, qui répugne à la propriété territoriale par esprit de religion, et qui préfère aux profits incertains de la culture les bénéfices plus sûrs du prêt usuraire à la propriété.

L'usure prélève sur le travail annuel de la France un tribut que les statisticiens les plus modérés évaluent à cinq milliards. Le capital de la dette foncière de France s'élève à lui seul à une douzaine de milliards. Comme l'intérêt servi à ce capital par le travail des cultivateurs est au moins de 10 p. 100., il se trouve que la propriété foncière est grevée par l'usure d'une contribution annuelle d'un milliard à douze cents millions; c'est près de quatre fois le chiffre de l'impôt foncier qui fait tant crier le peuple contre le gouvernement. Le gouvernement est moins heureux que le juif qui a le talent d'écorcher le peuple sans le faire crier.

Les usuriers ne sont pas les seuls vampires qui vivent aux dépens de l'agriculture; une foule d'oiseaux noirs qui ont aussi bec et ongles, et qu'on appelle avocats, avoués, huissiers, notaires, se nourrissent également de cette proie. La réforme la plus urgente à introduire dans le système économique est la suppression de l'usure.

Or, Adam Smith a dénoncé les deux grands leviers de l'usure, la Banque et le Commerce.

Les banques devraient être des établissements de crédit exclusivement destinés à faciliter la circulation, l'échange et la réalisation de toutes les valeurs.

En principe, le Crédit est le lien de la solidarité universelle. Le Crédit est l'avance que fait le travail passé (capital) au travail à venir. Le crédit a pour base l'*Assurance* ou la *Mutualité*.

Le Crédit doit être gratuit, parce que le capital (travail passé) n'étant pas doué de la faculté de se reproduire de lui-même et sans un travail nouveau, n'a pas le droit de réclamer dans les bénéfices de la reproduction la part qui revient au travail. Les écus ne font pas de petits, a déclaré Aristote.

La gratuité du crédit qui réglera prochainement les relations de capitaliste à travailleur, ou de travail ancien à travail nouveau, régle depuis longtemps les rapports des générations et le mouvement de la société.

Le père fait à l'enfant qui naît nu et infirme l'*avance gratuite* de l'éducation physique et morale, l'avance du capital intellectuel accumulé par les générations antérieures; et il ne vient pas dans l'idée de ce père, à qui la tendresse paternelle rend facile l'acquittement de sa dette, de réclamer de son enfant l'intérêt de cette avance. Pourquoi cela ? parce que le père sait parfaitement que l'enfant, devenu homme, aura à son tour à sa charge, et l'entretien de son père devenu *vieux* et qui ne pourra plus travailler, et l'éducation de ses enfants. L'homme reçoit de son père et transmet à son fils : les grands travaillent pour les petits, afin que les petits devenus grands travaillent pour les adultes devenus vieux ; c'est la loi de la solidarité qui relie tous les êtres. Dans la sphère de cette loi naturelle, le service s'échange contre un service et ne se fait pas payer.

Le Progrès, en matière de réformes financières, consiste à se rapprocher de plus en plus de la gratuité du crédit ou de la suppression de l'intérêt.

Les derniers partisans du capital *productif* ne considèrent déjà plus la *prime d'intérêt* que comme une *prime d'assurance* destinée à garantir le prêteur contre la chance d'insolvabilité du débiteur ; de sorte que si cette chance de perte était garantie par l'institution de l'*assurance* qui doit servir de base au crédit gratuit, la théorie de l'intérêt n'aurait plus un argument pour elle.

Or, la suppression de l'*intérêt* du capital entraîne la suppression de la *rente* qui est l'*intérêt* de la terre.

Les banques actuelles, hélas ! sont, le contrepied absolu de ce que devrait être une banque, c'est-à-dire un établissement destiné à généraliser le crédit. Les banques actuelles n'ont d'autre objet que de faciliter le crédit fictif et mensonger, au détriment du crédit réel, et de favoriser l'absorption de tous les bénéfices du travail par le capital oisif. Il y a à Paris une banque qui s'appelle la Banque de France, je ne sais pas trop pourquoi, puisque c'est une banque de Juifs et de Genevois. La loi a accordé à cette banque le privilége de prêter à 4 p. 100 sur quatre fois la valeur de son capital, représentée par des billets ayant cours monétaire forcé. Cela fait que la Banque de France, qui ne prête qu'aux riches, peut prêter à 16 et 18 p. 100 et allouer à ses actionnaires des dividendes fabuleux de 177 francs par an (1847), pour des actions de mille francs. Personne ne s'avise de protester contre le taux exorbitant de cet intérêt et contre ce privilége légal d'usure à 36 karats.

Toutes nos lois ont été si artistement combinées dans l'intérêt exclusif de l'usure et de la spéculation commerciale, que cette banque, qui peut avancer des sommes considérables à 4 p. 100 sur des chiffons de papier, sans garantie, n'a pas le droit de prêter un centime sur hypothèque immobilière, sur un gage d'une valeur fixe. Cependant les valeurs commerciales que la Banque accepte à l'escompte ne sont que de la fausse monnaie quand elles ne sont pas remboursées à l'échéance, et l'hypothèque immobilière ne peut faillir. Nos législateurs ne se sont pas le moins du monde préoccupés de cette anomalie absurde.

De même le Commerce, dans son mode naturel d'action, devrait être l'office de distribution des produits, l'agent intermédiaire entre la production et la consommation, l'esclave de ces deux éléments de la richesse sociale. Le commerce, au lieu de cela, s'est fait le maître de la production et de la consommation ; le commerce, au lieu de cela, est devenu pour le capital le moyen d'accaparement par excellence. Le commerce, loin de servir la production et la consommation, les pressure tous deux : il accapare les produits au moyen de baisses fictives, et s'en fait le propriétaire, le détenteur, ce qui est hors de son rôle. Une fois propriétaire des produits, il en fait hausser le prix par la spéculation et les hausses factices ; il gruge le consommateur après avoir spolié le producteur. — Cette spéculation désordonnée, qui soumet toutes les industries aux chances de la roulette commerciale, provoque les crises industrielles, les faillites, les émeutes, est encouragée par nos lois, qui ne respirent qu'amour et vénération pour les intérêts du commerce, pour la liberté du commerce ; car cet écrasement du producteur et du consommateur par le capitaliste-spéculateur s'appelle, dans la langue des économistes, liberté. Et chaque cité un peu importante possède un établissement spécial destiné à favoriser l'action corruptrice de cette industrie tyrannique et déloyale. Ces établissements sont les Bourses ; et nos législateurs et nos hommes d'Etat considèrent sérieusement comme le thermomètre de la prospérité publique le degré de fureur avec laquelle une poignée de misérables joueurs se disputent en ces tripots l'honneur et les dépouilles de la France.

Oh ! oui, M. Alexandre Weill (1), le juif qui a dit que les juifs, pour

(1) J'ai beaucoup connu autrefois M. Alexandre Weill. Notre commune antipathie pour sa religion avait fait de nous deux amis. J'ai souvent lavé de son linge sale ; ce n'était pas un travail attrayant ; non pas que M. Weill manque d'esprit ; mais il avait contracté de mon temps la funeste habitude d'écrire comme il parle, et il dit : *Bêcher des druides*, pour *pêcher des truites*. Alors M. Weill m'effrayait presque autant par l'exagération de son babouvisme, que par la nudité de ses figures de rhétorique et le déshabillé de son style. J'ai appris avec plaisir que l'amour qui perdit Troie avait sauvé M. Weill, en le ramenant à des opinions *honnêtes et modérées*. M. Weill a gagné à cette conversion subite de voir propager ses brochures anti-socialistes par la rue de Poitiers ; de plus, d'être porté à la candidature de la législative par le parti conservateur de Paris. Je doute que M. Weill possède toutes les conditions requises pour représenter conve-

se venger de nous, Français, nous avaient *judaïsés*, M. Weill avait bien raison......... Nous ne sommes plus que des Juifs ; et nous sommes tombés si bas que toutes ces infamies ne nous révoltent même plus. Il n'y a plus chez nous d'autre politique que la politique de la Bourse, et tous nos hommes d'Etat, du premier au dernier, semblent avoir un écu à la place du cœur.

Cependant il y a remède au mal ; car vous, nobles travailleurs, la contagion ne vous a pas encore gangrenés, et la pauvreté vous a heureusement servi d'égide jusqu'à ce jour contre l'épidémie régnante.

Voulez-vous voir s'écrouler soudainement tout cet échafaudage de bassesse, de vénalité et de corruption ? Voulez-vous affranchir tous les travailleurs vos frères de ce tribut onéreux de cinq milliards qu'ils paient à la fainéantise, indépendamment des tributs infamants du service militaire, du service domestique et de la prostitution ? Voulez-vous relever le drapeau de l'honneur national et rendre à votre patrie l'initiative d'émancipation que lui assignent son intelligence supérieure, sa popularité parmi les peuples et la puissance d'impulsion irrésistible dont Dieu l'a investie? Voulez-vous chasser le Juif et qu'on ne nous insulte plus de ce nom ?

Frappez l'usure, frappez le crédit anarchique, le commerce anarchique, la banque anarchique du même coup.

L'œuvre de démolition, je vous le jure, est plus facile qu'on ne pense ; car le colosse d'or a les pieds d'argile ; et la royauté des Bourbons n'est plus là, Dieu merci, pour égarer vos coups et pour vous y faire voir rouge. Et vous aurez, pour travailler avec vous au renversement de l'idole, le concours ardent de tout ce qui souffre et de tout ce qui gémit avec vous.

Et non-seulement les salariés, les serfs du capital, mais aussi le propriétaire intelligent et le chef d'industrie et tous les producteurs à qui l'usure tient comme à vous le poignard sur la gorge, et que la peur, l'ignorance et les calomnies de tous les souteneurs de la fainéantise tiennent encore armés contre vous.

Pour en finir avec la misère et l'usure, il n'y a qu'une institution à créer, qu'une formule à écrire sur votre bannière :

Organisation du crédit !

Tout est là, soyez-en convaincus.

En effet, organisation démocratique du crédit, cela veut dire :

La banque et la distribution du crédit à l'Etat. — Substitution du crédit réel et personnel au crédit fictif et mensonger. — L'assurance remplaçant l'impôt et abolissant l'octroi, la conscription, toutes les charges iniques (la série n'en finit pas). — Les chemins de fer, les canaux, toutes les voies de communication et tous les moyens du commerce à l'Etat. — Le commerce, fonction administrative. — Organisation des comptoirs et des bazars communaux.—Le prêt sur hypothèque à 2, à 1 p. 0/0, la suppression prochaine et définitive de l'intérêt et de la rente.

Arrêtons-nous, car l'hydre n'a que deux têtes et si nous les avons coupées à la bonne place, elles ne repousseront plus.

Je reprends :

Droit au bonheur. — Liberté absolue des consciences. — Plus de cultes

nablement la ville du beau langage, et j'ai peine à lui pardonner son dernier appel au fédéralisme provincial, intitulé : *Debout la province.* Je veux bien admettre que M. Weill soit francais, puisqu'il est juif, et que tous les juifs sont citoyens du monde dont la France fait partie ; mais on ne me fera jamais accroire que M. Weil puisse avoir un intérêt quelconque à ce que la province d'Artois ou de Saintonge soit assise ou debout. J'étais bien aise de donner en passant, à mon ancien ami Alexandre Weill, ce petit témoignage d'estime et d'amitié.

salariés. — Education gratuite, intégrale et obligatoire pour tous. — Organisation démocratique du crédit.

Voilà tout notre programme, et ce programme est encore trop long pour moi, quatre mots suffiraient à mon sens pour enclore sa teneur : *Ni prêtre, ni Juif !*

Amis, faites broder ces devises puissantes au champ du drapeau de février et si vos représentants tardent trop à les incarner dans la loi, alors réunissez-vous pacifiquement deux cents mille pour réclamer l'urgence de la réforme. Et comme ce jour-là, probablement, vous serez des héros sublimes, il sera fait ainsi que vous aurez voulu.

Dieu vous fasse vouloir !

---

## AUX BOURGEOIS.

Affranchis de 89, vous savez maintenant qui nous sommes et ce que nous voulons. Nous sommes des travailleurs qui entendons substituer le droit au privilége, le travail à la fainéantise, la fraternité à la discorde, l'ordre au chaos, le vrai Dieu à Satan. Nous entendons que les fatigues et les privations cessent d'être le partage du grand nombre, et les jouissances l'apanage du petit nombre.

Pour cette cause, nos ennemis et les vôtres, les cuistres de sacristie, les souteneurs gagés de l'ancien régime et de la haute banque nous poursuivent de leur haine et de leurs calomnies, et ils ont réussi à vous éloigner de nous par la peur.

La peur est un fort mauvais maître, qui ne doit pas commander plus longtemps à des hommes. Parvenus du travail, sortis comme nous du peuple, votre place dans la bataille n'est pas près du noble ni du prêtre, et nous vous adjurons de déserter au plus tôt les rangs de l'ennemi pour reprendre votre place dans les nôtres.

Bourgeois, c'est par le peuple, c'est par le bras fort des travailleurs que la bourgeoisie a vaincu en 89, et qu'elle s'est assise triomphante à la place des vieux pouvoirs démolis. Cependant, si vous calculez la part qui a été faite aux travailleurs dans les dépouilles de l'ordre ancien et dans les profits de l'ordre nouveau, vous trouverez assurément cette part insuffisante.

Car le poids de la chaleur et du jour n'a guère diminué pour les travailleurs depuis que la bourgeoisie règne ; et le despotisme de la noblesse d'épée était moins écrasant pour vos pères que ne l'est pour les salariés d'aujourd'hui le despotisme de la noblesse d'écus.

Bourgeois, les travailleurs se plaignent que la révolution n'a profité qu'à vous. Ils disent, avec quelque apparence de raison, qu'il n'y a pas égalité entre ceux qui ont le privilége de consommer sans produire, et ceux qui ont le privilége de produire sans consommer. — Entre le fils du pauvre qui paie seul l'impôt du sang, qui défend seul le sol qu'il ne possède pas, et le fils du riche qui peut se débarrasser pour un peu d'or de cette lourde corvée. — Entre la fille du pauvre que l'insuffisance de son salaire condamne presque fatalement à choisir entre l'infamie et le suicide, et la fille du riche à qui les écus de son père permettent d'acheter parmi ses prétendants qui lui plaît.

Partant, les travailleurs affirment que les mots d'égalité, de fraternité et de liberté, peints en noir sur toutes nos murailles, ne seront que d'odieux mensonges, tant que subsisteront ces inégalités monstrueuses, tant

que la loi barbare fera au riche un privilége du droit commun d'amour
et de paternité. Et ils vous supplient par ma bouche d'écouter la voix de
la justice et de la reconnaissance, qui vous crient d'acquitter la dette con-
tractée envers eux par vos pères, il y a soixante ans.

Fils des bourgeois libérés de 89, n'attendez pas, pour être humains et
justes, que la misère ait mis le feu aux colères des travailleurs ; n'attendez pas le jour du désespoir suprême pour couper court au régime d'iniquité qui les dégrade et qui les tue.

Mais considérez que les mains qui vous ont délivrés du joug de l'esclavage sont encore chargées de fers; et hâtez-vous de faire tomber ces fers
déshonorants. Dieu qui aime les bons cœurs vous épargnera à ce prix les
enseignements terribles qu'il réserve aux aveugles, aux ingrats et aux
fourbes.

Bourgeois, retirez-vous du noble, de l'usurier, du prêtre, pour que le
peuple ne vous confonde pas avec eux au jour de sa justice.

## AUX SOLDATS.

Soldats, ceux qui vous mènent cherchent à allumer vos haines et vos
ressentiments contre nous. C'est qu'ils savent parfaitement que le privilége n'a plus d'autre appui que la force matérielle, et que du jour où
cette force se sera brisée en leurs mains, tout espoir de domination sera
perdu pour eux.

Alors ils essaient d'élever un mur d'airain entre le peuple et vous. Et
de peur que la contagion de nos doctrines ne détruise en vos âmes le
dogme *sauveur* de l'obéissance passive qui fait de l'esclave militaire une
machine à tuer, ils vous interdisent la lecture de nos journaux et de nos
livres. Ainsi ont agi de tout temps les Papes, ces criminels abrutisseurs
de consciences humaines, pour maintenir dans l'ignorance et le *devoir* les
populations exploitées.

Je doute que cette pitoyable tactique empruntée aux hommes noirs réussisse avec vous. Car il ne suffit pas de défendre à vos yeux de lire, il faudrait
en même temps défendre à vos cerveaux de penser, à vos cœurs de bondir
aux accents de la Marseillaise, à vos poumons d'aspirer l'air qui voiture
en ce moment par toutes les contrées de l'Europe les effluves de la liberté. Or, ce pouvoir de compression n'a pas encore été dévolu à vos
chefs. C'est pourquoi ce n'était pas la peine de voler le Pape et d'appliquer
à la caserne le régime inquisitorial du séminaire.

Soldats, la défiance de vos chefs vous honore ; elle démontre que vous
commencez enfin à comprendre toute l'indignité du rôle qu'une loi impie
et tyrannique vous condamne à jouer.

Soldats, vous n'êtes pas autre chose *qu'une portion de la classe pauvre
que les riches condamnent à garder l'autre*. Et c'est nous, pauvres gens, qui
alimentons l'armée de notre sang et de notre argent, *pour défendre le riche
contre nous*.

Entendez-vous, d'après M. de Sismondi, une des lumières de l'écono-
misme moderne, vous remplissez l'office de gardes-chiourmes, et les
heureux vous ont commis à la surveillance du bagne industriel et agricole
où sont détenus vos frères, les pauvres travailleurs.

Et vos chefs ont raison, par conséquent, de ne pas vouloir vous laisser
lire les livres de M. de Sismondi ni les nôtres. Le malheur est que vous
sachiez lire et que la révolution de Février vous ait relevés de votre indignité séculaire et admis à voter. Le jour où les gouvernements vous ont
accordé le droit de vote, ils ont brisé le dernier étai de l'absolutisme.

En effet, le soldat rendu à sa dignité de citoyen ne peut accepter plus longtemps le rôle de sergent de ville ; pas plus que le principe de l'obéissance passive en matière politique. L'armée est en retard de cinquante ans sur la révolution ; il faut qu'elle rattrape sa distance.

Que le fils du prolétaire des champs et du prolétaire des villes ait consenti à payer tout seul l'impôt du sang, à défendre tout seul le sol qu ne possède pas, à aliéner sa liberté pour sept ans, afin de sauvegarder la liberté et les jouissances du riche, cela a bien pu se faire, et l'ignorance du prolétaire et sa longue oppression donnent , jusqu'à un certain point, raison de sa docilité. Mais du moment que ce fils du prolétaire a été appelé à prendre part à la confection de la loi, et qu'il a contribué à faire écrire dans cette loi que *les charges des citoyens sont proportionelles à leur fortune,* il est fatal que ce fils de prolétaire, qui ne possède rien, se dise : — Que les charges du riche qui possède doivent être plus lourdes que les siennes. — Partant, que c'est au propriétaire du sol à défendre ce sol, et à supporter tous les désavantages de cette propriété dont il a tous les bénéfices. — Gardez vous-mêmes vos jouissances , riches, et ne nous condamnez pas à échanger des balles contre nos frères de souffrance, les travailleurs affamés, sous prétexte de maintenir votre ordre.

Soldats, tremblez de vous laisser séduire par les éloges intéressés de ceux pour qui vous aurez gagné la victoire dans les guerres civiles ; car le fruit de ces victoires, si funestes pour la cause du peuple, ne peut pas être pour vous qui êtes la chair de la chair de ce peuple. Vos victoires, retenez-le bien, ne peuvent profiter qu'au juif et aux privilégiés.

Or, l'alliance est monstrueuse et totalement impossible entre vous, les enfants de la France, jaloux de la gloire nationale, et le juif qui n'a point de patrie, le juif qui fait hausser les fonds français de 10 francs, le lendemain de Waterloo.

Soldats, vous êtes à nous contre le juif par l'intérêt, par le patriotisme; revenez à nous qui ne comprenons pour l'armée française d'autre mission que celle d'affranchir les peuples esclaves, et qui ne voulons plus qu'elle serve d'escorte à la guillotine, au jour des assassinats juridiques.

## AUX PAYSANS.

Pauvres travailleurs des champs, vos curés et vos nobles vous ont auss, ameutés contre nous. Pour irriter vos haines et vos jalousies homicides ils vous ont dit que votre existence n'était qu'un long martyre, comparé au sort brillant de l'habitant des villes. Certes, ils n'ont pas menti de tout point ; l'existence du salarié des champs, est bien en effet, comme ils ont dit, un véritable martyre ; mais ils vous en ont imposé, en parlant du sort doré des salariés des villes : car la misère pèse du même poids sur tous les serfs du capital, et le vautour de l'usure ronge le foie aux artisans des cités comme à vous. Ne jalousez pas leur sort ; il en naît encore plus, et il en meurt encore plus à l'hospice, à Paris que chez vous.

Paysans, malheur à ceux qui méritent l'estime et la sympathie du curé et du noble ! Malheur à vous, race moutonnière, de qui les faux pasteurs prisent si fort la patience et la docilité !

Car celui-là mérite seul l'estime et l'apologie de ses maîtres, qui supporte avec résignation sa misère, qui paie généreusement tribut aux lords du capital et de la terre, qui fournit de bonne grâce et *sans se révolter jamais,* ses fils à la boucherie humaine, ses filles à la prostitution. Oh ! oui, à celui-là, sa place est marquée dans le ciel !

Mais si ces fauteurs d'obscurantisme et d'esclavage, osaient vous ouvrir le fond de leur cœur, vous comprendriez mieux les causes de leur respect pour vos vertus champêtres. et de leur haine ardente pour l'ouvrier des villes.

C'est que l'ouvrier de Paris, *qui se révolte toujours*, c'est que l'ouvrier des villes a su de bonne heure se défendre contre la tyrannie des seigneurs, en organisant ses corpoations, ses ordres indépendants, ses communes, et en armant contre les nobles détrousseurs de grand chemin, ses milices de travailleurs ;

Et que sans l'influence exécrée de ces ouvriers des villes, l'habitant des campagnes serait encore, à l'heure qu'il est, comme en Russie et en Pologne, le *serf*, la *chose de son seigneur et maître*, le *manant taillable et corvéable à merci* ; serait encore l'humble vassal astreint de par la loi barbare à battre les fossés du noble manoir pour faire taire les grenouilles, le vassal et à qui son maître a le droit d'ouvrir le ventre au retour de la chasse, pour rendre la haleur à ses pieds.

Paysads, ne vous y trompez pas, ce *retour* aux beaux temps de la chevalerie est l'idéal qu'ils rêvent tous, et il n'est pas un seul des fils de ces Croisés indignes qui ne se croie pétri d'un autre limon que vous.

Ils maudissent Paiis comme les Romains maudissaient la Corse, de dépit de n'avoir pu y trouver des esclaves.

Remarquez d'allleurs que la haine du noble et du curé contre Paris ne date pas d'hier. Soulever les provinces *où ils régnaient* contre Paris, l'éternel foyer de la révolution égalitaire, fut leur tactique sous tous les règnes de nos grands niveleurs, sous Louis XI comme sous Richelieu, sous Louis XIV comme sous la Convention, et ils ont toujours appelé leur ligue *la ligue du bien public*, comme nos Girondins d'aujourd'hui.

Et c'est au triomphe de Paris sur la province, du peuple sur la noblesse, que vous, les travailleurs de la province, vous avez dû la conquête de vos droits et de la propriété. Ce sont des artisans *révoltés* de la capitale qui vous ont restitué après **89**, comme après février, vos droits de citoyens, que vous avaient volés vos nobles et vos prêtres. Que l'éruption du fédéralisme provincial, provoquée par les aristocrates de la contrerévolution, réussisse aujourd'hui à soulever la France contre l'influence révolutionnaire de Paris, et demain la dîme et la corvée seront rétablies dans vos campagnes. Peut-être alors commencerez-vous à comprendre le motif des imprécations intéressées du Clergé et de la Noblesse contre Paris, centre et chef-lieu de la République *une et indivisible*. Peut-être alors regretterez-vous de vous être faits les aveugles instruments de ces haines de caste qui, sous le couvert de la décentralisation et des libertés provinciales, marchent droit à la restauration de l'ancienne propriété féodale, avec tous ses droits seigneuriaux et toutes ses tyrannies.

Il y eut aussi un jour, jour écrit dans nos annales en funèbres caractères, où le Russe, l'Autrichien, l'Anglais, et toutes les légions de l'absolutisme européen se ruèrent sur Paris, vouant à l'extermination la ville sainte, l'ardent foyer de liberté, d'où partent, depuis cent cinquante ans, tous les courants de l'idée émancipatrice qui a régénéré les deux mondes.

Cultivateurs de France, la haine inextinguible qui pousse vos anciens seigneurs contre la capitale a la même cause, absolument la même que celle qui animait en **1814** le Russe, l'Autrichien et l'Anglais. La preuve en est dans la conduite de ces nobles émigrés, de ces traîtres qui firent vingt-cinq ans cause commune avec l'ennemi, qui guidèrent, lors de l'invasion, l'ouragan des barbares à travers vos champs dévastés ; qui s'adjugèrent un milliard en argent, un autre milliard en terres dans le partage du butin que l'ennemi fit sur nous. Oui, la cause de tous les ennemis de la liberté est la même, et toutes les opprsesions se tiennent. Voyez si ce ne sont pas les nobles Piémontais qui ont trahi à Novare la liberté italienne et ouvert la porte de leurs citadelles aux hordes de Radetzki.

Travailleurs des campagnes, libérés de la dîme ecclésiastique et des droits féodaux par la révolution, ne joignez pas vos imprécations ingrates contre Paris à celles de l'émigré, de l'Autrichien et du Russe, et revenez à nous qui défendons vos droits en même temps que les nôtres.

L'usure, la chicane et les impôts vous écrasent; le propriétaire profite seul de la plus-value donnée par votre travail à ses terres. Nous voulons vous affranchir des prétentions tyranniques du propriétaire, des charges de l'impôt, de la chicane et de l'usure. Travailleurs, nos frères, nous voulons glorifier le travail et flétrir la paresse; pour quelle cause nous maudiriez-vous?

Que si votre ignorance est plus forte que notre bon vouloir, eh bien! nous devons encore essayer de vous sauver de l'usure et de la superstition malgré vous!

---

Quant à vous, gentilshommes, juifs et prêtres, bénéficiaires attitrés de la fainéantise, je vous fais grâce de mes conseils et de mes vaines prières; car je sais que la charité n'a pas prise sur vos âmes, gangrenées d'égoïsme et cadenassées par l'orgueil. Il ne s'agit pas, en effet, de parler raison aux fous, mais bien de les mâter et de les réduire à l'impuissance de mal faire. C'est à quoi nous aviserons. Et, en vérité, quand je considère votre petit nombre, ô privilégiés aveugles, quand je compte sur mes dix doigts les derniers survivants de vos races prêtes à s'éteindre, il me devient impossible de m'effrayer pour d'autres que pour vous de la folie de vos résistances..., et la colère s'échappe de mon cœur pour y faire place à la pitié!

**FIN.**

# LE TRAVAIL AFFRANCHI

## JOURNAL DES ASSOCIATIONS OUVRIÈRES

Revue hebdomadaire d'économie sociale

FONDÉE PAR

MM. FRANÇOIS VIDAL, ALPHONSE TOUSSENEL, VICTOR MEUNIER, PIERRE VINÇARD
ET LÉOPOLD GRAFFIN.

Cette revue publie chaque semaine 24 colonnes in-4° et formera à la fin de l'année un beau volume de 416 pages.

On s'abonne à Paris, rue des Saints-Pères, 16. — Prix : Paris, 5 francs par an, 3 francs pour six mois ; départements, un an 7 francs, six mois 3 fr. 50 c. — On trouve des collections complètes de tous les numéros déjà parus.

*Le Travail affranchi* est spécialement consacré à la défense des droits des travailleurs, à l'étude des questions sociales, à l'examen critique des doctrines et des systèmes des Économistes et des Socialistes. C'est un cours complet d'économie sociale à la portée de tous les lecteurs.

Tous les grands problèmes de notre époque y sont approfondis. La revue a déjà traité dans des séries d'articles les questions de crédit, de crédit foncier et agricole, de crédit industriel et commercial, les questions de réforme financière, la question des octrois, etc. , etc. Elle a également publié des séries d'articles sur la condition physique et morale des ouvriers des différents corps d'état ; elle a donné les statuts des principales associations récemment fondées, soit entre ouvriers, soit entre ouvriers et patrons.

Chaque semaine, un Courrier tient les lecteurs au courant des nouvelles politiques, des nouvelles des sciences, des arts, de la littérature.

*Le Travail affranchi* est la revue populaire et scientifique tout à la fois du socialisme.

------

**LES JUIFS ROIS DE L'ÉPOQUE**, *histoire de la féodalité financière,* par ALPH. TOUSSENEL. 2 vol. in-8°, prix : 10 fr. Chez GONET, éditeur, 6, rue des Beaux-Arts.

**L'ESPRIT DES BÊTES**, *vénerie française et zoologie passionnelle,* par ALPH. TOUSSENEL, un volume in-8°, prix : 6 fr. A la Librairie phalanstérienne, 25, quai Voltaire.

**DE LA RÉPARTITION DES RICHESSES**, ou **DE LA JUSTICE DISTRIBUTIVE EN ÉCONOMIE SOCIALE**, par FRANÇOIS VIDAL, un vol. in-8° de 500 pages, prix : 7 fr. 50 cent. Chez CAPELLE, éditeur, rue des Grès-Sorbonne.

**VIVRE EN TRAVAILLANT !** Projets, voies et moyens de réformes sociales, par FRANÇOIS VIDAL, un vol. in-8°, prix : 3 fr. 50 cent. Même éditeur.

------

Paris. — Imprimerie E. Desoye et Cᵉ (ouvriers associés), 32, rue de Seine.